Inhalt

Dunkle Wolken am Horizont - Chinas Wirtschaftsmodell zeigt Schwächen

Kernthesen

Beitrag

Fallbeispiele

Weiterführende Literatur

Impressum

Dunkle Wolken am Horizont - Chinas Wirtschaftsmodell zeigt Schwächen

Robert Reuter

Kernthesen

- Die Zeichen mehren sich, dass Chinas Höhenflug langsam zu Ende geht.
- Volkswirte rätseln derzeit darüber, ob Peking auf die wirtschaftliche Abkühlung wieder mit einem Milliardenprogramm reagiert.
- Sinnvoll wäre dies nach Ansicht der Experten nicht mehr, da die chinesische Wirtschaft nicht nur unter einer Wachstumsdelle, sondern unter strukturellen Problemen leidet. Manche

Experten sehen bereits das Ende der "China AG" gekommen.

Beitrag

Experten prophezeien China eine harte Landung

Chinas Wirtschaft glänzt nach wie vor mit Wachstumszahlen, von denen die westlichen Ökonomien nur träumen können. Gleichwohl mehren sich die Anzeichen, dass das Wirtschaftswunder nicht ewig so weiter geht. Zwar hat die chinesische Wirtschaft noch immer Erfolg mit ihrer Strategie, statt auf eine Stärkung der Binnennachfrage auf den Export zu setzen. Dass eine solche Strategie jedoch nicht dauerhaft funktioniert, zeigt ein Blick auf die Wirtschaftsgeschichte Japans. Auch Nippon setzte nach dem Krieg auf den Export, war hiermit jedoch nur erfolgreich, solange die Löhne niedrig blieben. Als diese anstiegen, ging der komparative Vorteil verloren. Ein vergleichbares Szenario erwarten die Experten für China und unterlegen ihre Annahme mit Zahlen. So ist der Einkaufsmanagerindex Chinas von 50,1 auf ein Neunmonatstief von 49,2 gesunken. Werte unter 50 signalisieren eine schrumpfende

Industrieaktivität. Das Wirtschaftswachstum droht sich in diesem Jahr auf 7,5 Prozent zu verringern, nach 9,2 Prozent im Vorjahr. (1), (8)

Hohe Schulden im öffentlichen Sektor

Dass am chinesischen Modell etwas nicht stimmt, zeigt die Situation der öffentlichen Haushalte. Städte und Regionen investieren in hohem Maße in Infrastrukturmaßnahmen, so dass öffentliche Investitionen mittlerweile 50 Prozent des Bruttoinlandsprodukts ausmachen. In Wahrheit können sich die Städte diese Ausgaben jedoch schon lange nicht mehr leisten. Ein signifikantes Beispiel dafür ist die frühere Boomstadt Dongguan. 60 Prozent der Dörfer in ihrem Einzugsbereich haben so viele Schulden angehäuft, dass sie bald einen Bail-out der Stadt benötigen. Dongguan steht damit kurz vor dem Bankrott, sagen sogar chinesische Volkswirte. Noch vor kurzem galt Dongguan als reichste Stadt Chinas. Zudem sitzen Chinas Banken auf Bergen fauler Kredite, die wohl nicht mehr zurückbezahlt werden können. Wie groß die Summe tatsächlich ist, kann nur geschätzt werden, denn die Banken geben hierüber keine Auskunft. Experten sind aber davon überzeugt, dass die Blase gewaltig ist. (1)

Zahlen kündigen Abkühlung an

Obwohl sich die chinesischen Wirtschaftsdaten auf hohem Niveau verschlechtern, ist der Trend doch eindeutig. Erstmals seit 13 Jahren dürfte das Wachstum 2012 unter acht Prozent ausfallen. Gleichzeitig sind die Währungsreserven des Landes im zweiten Quartal erstmals seit 1998 zurückgegangen. Volkswirte sehen diese Anzeichen nicht als vorübergehende Delle, sondern als Vorzeichen eines strukturellen Wandels. Das Geschäftsmodell der "China AG" sei nicht mehr tragbar. (3)

Experten rätseln über Konjunkturprogramm

Die Frage, die sich Beobachter nun stellen, ist die, ob China wieder ein milliardenschweres Konjunkturprogramm auflegen wird. Mit einer solchen Maßnahme hatte Peking die Verwerfungen der Weltwirtschaftskrise 2008/2009 elegant umschiffen können. Doch weil auch chinesische Ökonomen die Wirtschaft Chinas vor einem Wendepunkt sehen, ist die Verunsicherung über den Sinn einer solchen Maßnahme groß. Zudem wird gemutmaßt, dass die unter faulen Krediten leidenden

Banken das Geld für ein weiteres Konjunkturprogramm gar nicht zur Verfügung stellen können. Erst kürzlich hatte die chinesische Zentralbank den Kreditinstituten mit einer Finanzspritze in Höhe von 44,9 Milliarden Euro unter die Arme greifen müssen. (1)

Hoffen auf den Parteitag

Am 8. November findet der Parteitag der Kommunistischen Partei Chinas statt. Während früherer Veranstaltungen wurde dort traditionell ein Geldsegen beschlossen. Da dieses Mal überdies ein Generationswechsel an der Führungsspitze ansteht, rechnen manche China-Experten damit, dass der Parteitag auch ein Konjunkturprogramm mit sich bringen wird. Viele Städte planen in ihren Haushalt bereits Zuwendungen ein, die sie nach dem 8. November erwarten. Diese Hoffnung könnte freilich trügen, denn ein weiteres Milliardenprogramm scheint die Regierung nicht in Aussicht zu stellen. Gleichwohl könnte ein kleineres Programm aufgelegt werden, mit dem die Regierung zeigen will, dass sie die wirtschaftliche Situation aktiv steuern kann. (2)

Rückschläge für die Stahlindustrie

Stellvertretend für Chinas wachsende Konjunkturprobleme ist die Stahlindustrie. Die Branche wurde jahrelang vom Erfolg verwöhnt, leidet jetzt aber unter der sinkenden Nachfrage aus Europa und den USA. So musste Chinas größter börsennotierter Stahlhersteller, Baosteel, kürzlich sogar sein Werk in Schanghai stilllegen. Doch auch die Binnennachfrage lässt nach. Chinas Regierung war gegen Spekulationen am Immobilienmarkt vorgegangen, was prompt zur Folge hatte, dass die Zahl der Neubauten zurückging. Neben Baosteel stehen auch andere börsennotierte Stahlkocher unter Druck, wie etwa Ansteel oder Wuhan Iron. Heftigen Gegenwind spüren zudem die Eisenerzlieferanten. 2011 hatte der Gewinn der chinesischen Stahlindustrie noch elf Milliarden Euro betragen, für dieses Jahr wird mit einem Verlust gerechnet. (4)

Nicht jeder glaubt an ein Ende des Booms

In den allgemeinen Tenor, dass China eine harte Landung bevorstehe, stimmen nicht alle Beobachter ein. Jun Ma, der für China zuständige Chefvolkswirt der Deutschen Bank, rechnet damit, dass sich das Wachstum der chinesischen Wirtschaft in der zweiten Hälfte des nächsten Jahres stark beschleunigen werde. (5)

Trends

Ungebrochener Exportboom

Trotz Euro-Krise und weltweiter Konjunkturabkühlung bleibt der frühere Exportweltmeister Deutschland dicht an der neuen Nummer 1 China dran. Im August 2012 wurden weltweit Produkte Made in Germany in einem Umfang eingekauft wie noch nie in diesem Sommermonat. Allerdings wird die deutsche Exportstärke heute nicht mehr so vorbehaltlos gefeiert wir früher. Die hohen Ausfuhren der deutschen Unternehmen gelten jetzt als Mitauslöser der europäischen Staatsschuldenkrise, da sie Hauptausdruck der bestehenden Ungleichgewichte sind. Volkswirte plädieren darum - wie schon seit Jahren - dafür, den Binnenkonsum hierzulande zu stärken. (9)

Fallbeispiele

Hongkong verzeichnet Abschwung

Auch Hongkong bekommt die Folgen der verlangsamten Weltwirtschaft immer stärker zu spüren. Die chinesische Sonderverwaltungsregion verzeichnet gerade den stärksten Handelseinbruch seit 2008. Die Handels- und Dienstleistungsunternehmen kämpfen sowohl mit einer schwächeren Nachfrage aus Festlandchina als auch mit sinkenden Aufträgen aus dem Westen. Neben Singapur ist die Sonderverwaltungsregion (SVR) Hongkong der wichtigste Warenumschlagplatz in Südostasien. (6)

Chinas Boom und Europas Abstieg

Eine neue Studie zeigt auf, wie der Aufstieg Chinas die Krise des Euro-Raums befeuert hat. So verloren beispielsweise in Portugal 75 000 Menschen ihren Arbeitsplatz in der Textilindustrie, weil die Branche mit den Preisen der chinesischen Hersteller nicht mithalten konnte. Ähnlich negative Folgen hatte der Exportboom Chinas für die anderen Südländer Griechenland, Italien und Spanien. Der Grund für die im Vergleich mit Deutschland höhere Anfälligkeit dieser Länder ist den Autoren der Studie zufolge in der starken Spezialisierung ihrer Volkswirtschaften zu suchen. Portugal und Griechenland hatten einseitig auf die Textilwirtschaft und den Tourismus gesetzt, während in Deutschland mit dem Maschinenbau, der

Automobilwirtschaft, der Chemie und der Elektrotechnik ein vielfältiges Spektrum unterschiedlicher Branchen existiert. (7)

Weiterführende Literatur

(1) Damit das Wunder weitergeht
aus DIE ZEIT, 04.10.2012 Nr. 41 Seite 037

(2) Neue Führung, neues Geld Traditionell gibt es nach den großen Parteitagen in China einen Investitionsboom. Auch diesmal stehen die Chancen gut
aus Financial Times Deutschland vom 01.10.2012, Seite 14

(3) Sparer, schaut auf dieses Land
aus Welt am Sonntag, 30.09.2012, Nr. 40, S. 43

(4) Gegenwind für Chinas Rohstoffkonzerne
aus Frankfurter Allgemeine Zeitung, 06.10.2012, Nr. 233, S. 22

(5) Deutsche Bank sieht Chinas Konjunktur dem Tiefpunkt nahe
aus Frankfurter Allgemeine Zeitung, 05.10.2012, Nr. 232, S. 25

(6) Der Warenumschlagplatz leidet unter dem Handelseinbruch Maue Wirtschaft in China drückt Exporte - Binnenkonsum hat Potenzial für

Konjunkturstütze - Touristen aus China kaufen aber weniger ein
aus Börsen-Zeitung, 29.09.2012, Nummer 189, Seite 6

(7) Chinas Aufstieg war ein Grund für die Euro-Krise
aus Handelsblatt online vom 07.10.2012

(8) In China schnappt die Falle zu
aus Finanz und Wirtschaft vom 05.09.2012, Seite 17

(9) Schatten über Exportboom
aus Nassauische Neue Presse vom 09.10.2012, Seite 1

Impressum

Dunkle Wolken am Horizont - Chinas Wirtschaftsmodell zeigt Schwächen

Bibliografische Information der deutschen Nationalbibliothek

Die Deutsche Nationalbibliothek verzeichnet diese Publikation in der deutschen Nationalbibliografie; detaillierte bibliografische Daten sind im Internet über http://dnb.d-nb.de abrufbar.

ISBN: 978-3-7379-1694-3

© 2015 GBI-Genios Deutsche Wirtschaftsdatenbank GmbH, Freischützstraße 96, 81927 München, www.genios.de

Alle Rechte vorbehalten. Dieses Werk ist einschließlich aller seiner Teile – z.B. Texte, Tabellen und Grafiken - urheberrechtlich geschützt. Jede Verwertung außerhalb der Grenzen des Urheberrechtsgesetzes bedarf der vorherigen Zustimmung des Verlags. Dies gilt insbesondere auch für auszugsweise Nachdrucke, fotomechanische

Vervielfältigungen (Fotokopie/Mikroskopie), Übersetzungen, Auswertungen durch Datenbanken oder ähnliche Einrichtungen und die Einspeicherung und Verarbeitung in elektronischen Systemen.